마침표 대신 쉼표

마침표 대신 쉼표

초판 1쇄 2025년 7월 23일
지은이 조현곤
펴낸이 김영재
펴낸곳 책만드는집

—

주소 서울 마포구 양화로3길 99, 4층 (04022)
전화 3142-1585·6
팩스 336-8908
전자우편 chaekjip@naver.com
출판등록 1994년 1월 13일 제10-927호
ⓒ 조현곤, 2025

—

* 본 도서의 판권은 저작권자와 책만드는집에 있습니다.
  본 도서 내용의 전부 또는 일부를 재사용하려면 양측의 동의를 받아야 합니다.
* 잘못 만들어진 책은 구입하신 서점에서 바꾸어 드립니다.
* 본 도서는 충청남도, 충남문화관광재단의 후원으로 발간되었습니다.

충청남도 충남문화관광재단

—

ISBN 978-89-7944-900-6 (04810)
ISBN 978-89-7944-354-7 (세트)

책 만 드 는 집
시인선 262

마침표 대신
쉼표

조현곤 시집

책만드는집

| 시인의 말 |

 살면서 망망대해에 외롭게 조각배 타고 있는 혼자 된 자신을 보거나, 숲속 끝 벼랑에 서 있는 경험을 간혹 하게 된다. 그럴 때에 인생의 경륜이 많은 선배나 어른이 코칭을 해주는데, "벼랑 끝에서도 둘러보면 분명 다른 길이 보이더라"는 것이었다.

 우리 생의 마침표를 찍는 순간에도, 넉넉한 마음과 긍정의 눈으로 자신을 다스리다 보면, 그 자리가 끝이 아니고 쉼의 자리임을 알게 된다. 쉬면서 보면, 그동안 미처 보지 못했던 상황과 장면이 감사로 여겨지기도 하고, 내가 가야 할 방향도 그때 보이는 것이다. 그래서 마침표보다는 쉼표가 더 사랑스러운 것이다. 더 이상 나아갈 수 없는 곳, 그곳이 쉼의 자리이다. 그 자리가 곧 자신을 돌아보는 자리인 것이다.

칭찬 들을 만큼 잘했을 때의 마침표는 갈채와 상급으로 다가온다. 하지만 삶에서 정반대의 마침표의 극한 상황에 처했을지라도, 세상을 천국으로 물들여 가는 초록빛 숲과 같은 소망의 시를 만나, 위로를 받고 용기를 얻는다면 더없는 기쁨이겠다. 그렇게 자리를 박차고 일어서는 독자들이 많아지기를 바라며 다섯 번째 시집을 내놓는다.

다정하게 내 손 잡아주시는 사랑의 하나님께 모든 영광을 돌립니다.

푸른 하늘이 있는 한 행복하세요.

2025년 7월
정평재에서 은강 조현곤

| 차례 |

4 • 시인의 말

1부 심연의 숲

13 • 세모의 아침
14 • 빛내리라, 남포연의 이름으로
16 • 길 위에서 2
18 • 오늘
19 • 밥
20 • 보듬기
22 • 이소
23 • 낙엽
24 • 절정을 지나서
25 • 장자
26 • 사랑할 수밖에
28 • 독감
29 • 오늘은
30 • 구절초 단상
31 • 낙지
32 • 2월 겨울비

2부   추억의 숲

- 35 • 이팝꽃을 보며 2
- 36 • 간이역 회상
- 38 • 부부로 살아온 만큼
- 40 • 만두와 찐빵처럼
- 41 • 장인 10주기
- 42 • 설리에서 본 낙조
- 43 • 금산에서
- 44 • 수선화
- 45 • 그 꽃
- 46 • 마늘종 뽑기
- 48 • 개망초꽃
- 50 • 단풍나무 숲길에서
- 51 • 너에게로 또다시
- 52 • 신발
- 54 • 알리움꽃
- 56 • 노란 목련

3부 행복의 숲

59 • 그 사랑법
60 • 비둘기네 집
62 • 아다지오
63 • 행복 한 잔을 마시다
64 • 여름 향기 가야산
66 • 길 위에 묶이다
68 • 단비
70 • 황태진국
72 • 샤워하는 날
75 • 병원에서
76 • 건강 이미지
77 • 명자꽃
78 • 도비산의 매력
80 • 어은돌 오후 풍경
82 • 하루를 보다
83 • 마침표 대신 쉼표

4부 공존의 숲

- 89 • 마스크 미인
- 90 • 꿈과 꿈 사이
- 91 • 거미
- 92 • 얼음꽃
- 93 • 상강에
- 94 • 덴드로븀
- 95 • 숨
- 96 • 병원 엘리베이터
- 98 • 그대가 있어
- 99 • 아라메길과 황금산
- 102 • 6월에 1
- 103 • 6월에 2
- 104 • 춘분과 추분
- 106 • 홍수
- 108 • 천수만 랩소디

5부 믿음의 숲

- 113 • 열방을 향하여 일어나라
- 116 • 2023 성탄절 아침에
- 118 • 하나님 사랑합니다
- 119 • 벚꽃 훈민
- 120 • 안면도의 하루
- 122 • 파스텔색 정원에 스미다
- 124 • 선교의 꿈을 디자인하다
- 126 • 하나님이 조선을 이처럼 사랑하사
- 128 • 은혜의 선교 동산
- 129 • 산딸나무꽃
- 130 • 소망의 꽃
- 131 • 오래지 아니하여
- 132 • 물들여라 열방까지
- 133 • 거룩한 분노
- 134 • 연리지 카페에서
- 136 • 시선
- 138 • 울라스에 거룩한 빛이

- 140 • 해설 _ 윤성희

1부
심연의 숲

세모歲暮의 아침

늦장 부린 해는 구름에 가리고
하늘을 가로지르는 기러기 떼는
세월을 훌쩍 넘어가고 있구나

간밤에 소복이 내려 쌓인 눈 위로
종종걸음으로 등교하는 아이들도
저 기러기 떼같이 평화롭구나

찬 바람이 옷소매 속을 기웃거릴 때
이 길로 지나가는 누구라도
더불어 모닥불 쬐며

그간 나를 슬프게 하는 일들과 아픔들을
모닥불에 휙 던져버리고
다시 타는 열기와 희망 불꽃으로

기다림의 푸른 청춘의 눈빛을 동경하며
눈 들어 멀리 재 너머를 바라보네

빛내리라, 남포연藍浦硯의 이름으로

검은 돌이라 남포오석藍浦烏石이요
흰 구름 문양의 백운상석白雲上石인데
그 벼룻돌로 유구한 전통을 이어온
문방사보文房四寶 중 하나인 남포벼루는
선비의 자존심을 세우는 이름이라

손마디 굳은살로 빚은 벼루는 장인들이
생명을 불어 넣은 혼불 같은 전통의 맥脈이라
장인들의 올곧은 예술 정신은
절차탁마切磋琢磨로써 자신의 기량을 발휘하고
선비들이 빚어내는 시詩, 서書, 화畵의 본향은
벼루의 묵지墨池에서 묵향을 번지게 함이라

지혜와 지식, 사상을 벼리는 마음은
일찍이 벼룻돌에서 연유되었음이라
세월의 흔적 속에 역사와 문화를 이어온
만세보령 한국의 벼루여!

예술혼 활짝 피어나 중후한 그 이름
영원히 빛나리라

■ 보령남포벼루전시회
2021년 12월 14일 오후 2시 전주공예품전시관에서 낭송.
2023년 11월 28일 오후 4시 부산시민회관에서 낭송.

길 위에서 2

한길을 목표로 하여 가는 길에
누가 툭 튀어나와 시비 걸어
흑색선전에 열 올리며
혼잣말로 두런거리다 사라질 때
'헐' 하며 하늘만 쳐다본다

또 한참을 아무 생각 없이
앞만 보고 걷는데
갑자기 어깨 툭 치며 시비 걸어
뒤돌아보니 상기된 얼굴로
독사같이 독을 품고 있다가
심한 욕지거리를 뱉고는
저 혼자 앞질러 간다
저자가 자신의 잘못에
부끄러움을 알기를 바라며 다시 길을 간다

또 두어 시간을 말없이 걷는데

어떤 사람이 별안간 나타나
발을 탁 거는 게 아닌가
'확' 하고 어깨 붙들고
시비를 가리려다 말고
'에이, 갈 길이 먼데' 하며
촌각이 달린 목표점이 있기에
시비지심을 추슬러 다시 길을 걷는다

오늘

하늘 맑은 날
내 어머니가 가시는 길
나는 막지 못했다

만유의 주재
존귀하신 분의
순리를 따름이 정한
이치이기 때문이리라

그러나 내 마음속에
어머니가 늘 계신다
이 하루를 버티기 위하여
파이팅, 오! 늘~

밥

밥보다 중한 것이 어디 있으랴
살고자 하여, 살아내고자 하여
밥 한 공기 때문에
싸우기도 하고 갈라서기도 하고
밥 한 공기 얻기 위해
자존심 내버리고 굽신거리고
……
내일은 모르겠다
오늘
밥 한 공기 내 앞에 있으면
세상을 다 얻은 것이다
그러나 한술의 밥에
양심의 찬을 올린다

보듬기

보듬어라
보듬어라

자연을 보듬어라
강토를 보듬어라
고향의 별을 보듬어라

그것이
너도 살고 나도 살아내는 길

보듬어라
보듬어라

이웃을 보듬어라
가족을 보듬어라
한 영혼까지 보듬어라

그러면
너도 평안 나도 기쁨이 되는 것을

이소離巢

하얀 낮달을 머금은
청춘의 숲으로 가면
낭창낭창한 가지 위
푸른 새들의 합창에
살아온 목울대 울음과 노래로써
여름빛을 느낄 수 있지

이소를 채비하는 날갯짓에
갖가지 색상을 입은 새들도
이제는 아는가 보다
떠난다는 것은 새로운 세상에서
자신을 크게 하는
바람 같은 고결한 운명이라는 것을

낙엽

계절의 끝을 부르듯 떨어지는 하세월
아! 오늘도 나뒹구는 시간들이
속절없이 바람에 날린다

절정을 지나서

화사한 자태 오래 유지할 것 같아도
곱다랗고 화려한 시절 훌쩍 지나가듯

저렇게 모질고 휘휘한 바람이 부는데도
강인하듯 붙들고 있는 꽃잎일지언정

언젠가는 떨어질 것이 분명하니
영원한 왕좌는 아, 없는 듯하여라

망울망울 흐벅지게 떨어진 꽃잎도
자못, 넉살스레 고백하네 한 시절 고왔다고

떠날 때엔 애달프게 미련 두지 말자
모감* 모감 이 한 몸, 뉘게나 자양분 될 건가

나의 생 오지奧地에서 눈에 띄지 않더라도
찬란한 꽃잎 편지로 남으리라 희맑게 영원히

* 닳거나 소모되어 줄어듦.

장자

아버지의 마음은
온통 큰아들에게 가 있다

효하는 마음이 달라서일까

오죽하면
야곱이 팥죽 한 그릇으로
장자의 명분을 취했을까

오, 고상한 무늬의 장자여

사랑할 수밖에

비 오는 날 연인과 동행하다가
꽃향기에 취해 마음 빼앗긴 내 사랑이
징검다리 건너는 중에 그만
발을 헛디뎌 넘어졌다면
어찌 대처해야 할까

그 아찔한 순간 몰려오는 현기증에
몸은 굳어지고 생각善惡美醜의 힘이 흐려져
어찌할 바 몰라 멍하니 서 있을 때
누군가가 다가와 자신의 일처럼
뒷수습을 해준다면 얼마나 듬직할까

늘 옆에 있던 사람이 어느 날 갑자기
바람처럼 사라진다면
한동안 휘청거리는 외로움과 슬픔을 어찌 이길 건가
아침마다 들려오는 새소리와
해 질 녘 노을을 볼 수 있음이 당연한 게 아니란 걸

살면서 얼마나 알게 될까
대수롭지 않은 일에 핏대를 세우지 말고
그 사랑 내면의 평상심을 읽었으면 좋으리

아픔을 안다면…, 슬픔을 안다면…
미리 함께 아파하고 슬픔을 나눠 지자
그땐 훨씬 새처럼 가벼운 마음으로
더 사랑할 수밖에 없음을 알게 될 거야
그땐 몸도 마음도 사뭇 서로 부풀어
크게 위로가 되고 힘이 됨을 알게 될 거야

독감

한여름 떨어질까 말까
아슬아슬하게 달려 있는
지독한 풋과일 하나

오늘은

하늘가 모처럼
구름 걷혀 참 맑다

너의 마음이 밝아졌다

우리네 삶도 밝을 수밖에

구절초 단상斷想

구절마을에 구절초가 올해는 더 탐스럽다네
손에 닿지 않는 벼랑에 핀 꽃은 몹시 소담하여라
한차례 모진 바람 불어와 혹독한 밤 지냈건만
여전한 자태로 향기 풍기는 청순한 꽃 구절초

그 맵시 가량가량하니* 가녀리다 측은히 보지 말고
지독한 추위를 이긴 만큼 향기 짙은 용모라서
바위틈 한 송이 구절초에 사뿐 앉아 놀다 가는
애젊은 꿀벌의 애증까지도 품어 초롱 같아라**

* 얼굴이나 몸이 야윈 듯하면서도 탄탄하고 부드러우니.
** 눈이나 귀, 정신 등이 매우 맑고 환하게 밝아라.

낙지

운동장처럼 노닐던
뻘밭에서 경쟁할 때가
그래도 좋았던 건가
수시로 삶은 변할 수밖에
한평생 새옹지마塞翁之馬로 살았듯이
이젠 하얗게 눈감을 때
월계수잎 물고서 기막힌
자유를 찾아 황홀경에 빠지다

2월 겨울비

얼음을 뚫고 내리는 겨울비는 마침표가 아닌
쉼표로 물꼬를 트고 있었습니다
분명, 겨울비 2월 겨울 바람결에
아련하게 묻혀 온 트인 봄 빗살이었습니다
겨울나무가 흠뻑 젖어 떨 줄 알았는데
강인하게 봄을 잉태하고 있음을 알게 되었습니다
땅속 깊이 스미는 빗물은 알고 있었을까요
그 봄 마중 깃 2월이 실려 오고 있음을…
마침표처럼 끝인 줄 알았는데 쉼표로 기운 얻어
다시 시작하는 몸짓 아, 그 기운이여

2부

추억의 숲

이팝꽃을 보며 2

아내를 배웅하고 돌아오는 길에
가로수 이팝나무를 본다

보송보송 하얗게 핀
이팝꽃이 쌀밥이다

한 끼의 밥상을 차리기 위해
보릿고개를 수없이 넘나든
어머니의 사랑이다

오늘도 그 사랑 한 스푼에
상큼 설레어 반하다

간이역 회상

어느 여름이 기울어가던 날
그녀와 약속했던 순간이 스친다
사랑의 증표로 준 빨간 양산이
먼 훗날을 기약했다는 걸

후끈 달아오른 레일 위를
쉼 없이 달려온 열차는
뜨거운 입김 내뿜으며
간이역에 멈춰 섰지

레일 너머를 하염없이 바라보다
플랫폼도 없는 계단을 내려오는
그녀의 발뒤꿈치를 보았지
두근대는 마음으로

열차가 떠난 뒤에도 기도했어라
청량한 미소 가득 머금고 오는

그녀의 입술에서 양산과 함께하는
영원한 고백 듣기를 바라며

부부로 살아온 만큼

한평생 오붓이 같이하자고
철석같이 약속하고서는
불안한 외나무다리를 건너고
롤러코스터를 타듯이
하루가 멀다 하고 밀당하며
분노 게이지가 오르내리니

어느 때는 속삭이듯
불안한 평온을 자축거리며
사랑이란 말로 포장을 하고
식솔들만은 정착한 매김질로
선택에 후회함이 없기를 바라며
굴곡진 반세기의 계곡을
휘 지나왔던가

지금은 서로 손 꼭 잡고 걷는
하얀 머리 노부부를 그리며

평생을 나란한 어깨로
달빛 스미듯 시들지 않는 감동을
자아내며 마음의 폭이 넓어진 만큼
다정한 밀도의 시간을
만들어볼 일이야

삶의 자취 흐리지 않고 비스듬히 서
벼랑 끝에서라도 지금까지
관계의 틈새를 넓히며 살아온 시간들이
우연이 아님을 알아, 죽는 날까지
스스로 속임 없이 내게 다가온
모든 일들이 당연한 게 아니었음을
감사로 지그시 마음의 창을 열어보네

만두와 찐빵처럼

변두리 전문점에 가서 만두와 찐빵을 샀다
뜨겁고 속이 꽉 찬 만두가 으뜸이듯
별나게 맛있다

가을밤 별들을 헤듯
골몰의 시간들이 지나고 나서도
아직 풀리지 않는 문제 같은 시어詩語들이 총총 인다

만두와 찐빵 가게 주인의 손맛이 일품이라면
나는 얼마나 뜨겁고 속이 꽉 찬
별미 같은 시詩를 익히는가

내 영혼의 빈 찜통이 허접하게 보일 때
야곱이 아버지께 별미를 바치듯
다시 뜨겁고 속이 꽉 찬
만두와 찐빵이 그리운 것이다

장인 10주기

어쩌다가 처가 형제들을
삼 년에 한 번 보니
세월에 많이도 그을리고

MZ세대인 자식들은
중년으로 달려가는데

먼저 가신 님은
그리움만 떨어트리고
아무 소리도 없네

설리에서 본 낙조

남해 상주해수욕장에서 밤배를 부르고
절경이 빼어난 보리암이 있는 금산을 들러
미조항이 내려다보이는 설리스카이워크에 올랐다
마침, 많은 소나무 중 잎을 떨궈내고 죽은 소나무를 보았다
하루 한 번 해가 질 때마다 소원을 많이 빌었을까
이파리 다 포기하고 또 다른 삶을 지어내는 중인가 보다
하루 종일 해풍 맞으며 해산물을 거두어
찬란하게 하루 일을 마치고 섬집으로 들어가는
아낙의 무거운 어깨가 안쓰러워
하루 이틀이 아닌 이파리 다 떨어질 때까지 빈 게지
그래서 미안한 맘에 해도 저렇게 대신 얼굴 붉혀
함초롬히 섬집으로 들어가는 게지
위로라도 해줄 양…
그러니 수평선에 누운 구름도 부끄럼에 슬며시
달아올라 덩달아 얼굴 붉은 게지
스카이워크를 걸을 때 알았다
스카이워크도 같이 빌고 있었다는 것을

금산錦山에서

보광산이 금산으로 개명됐다네
이성계의 기도를 들어주었다고

시방時方,
앞에는 남해 뒤에는 금산
수려한 절경에 마음 빼앗기는 중

산은 작아도 참으로 요망지다*
떨어질 듯 아찔하게 걸쳐 있는 저 바위

가없는 염원과 축원으로 오르내리는
계단은 해수처럼 반짝거리는데

인걸人傑들이 보리암에 왜 그리 족적을
남기고 싶어 했는지 알 것 같네, 경미하게

* '야무지다'의 제주 방언.

수선화

엊저녁 봄 깃 사이로 우수수 내려온 별들이
하늘로 올라가지 않고 거리낌 없이 사무치는가
오종종한 뭇별들이 병아리 등살처럼 반짝거리고
명지바람 결에 여미리* 언덕에선 은하수가 흐르네
아, 천상의 화원, 고결하게 너울대는 그대 향기,
나르키소스 사랑 수선화여

* 서산시 운산면 소재. 유기방 가옥(충남 민속문화재 제23호)이 있고, 매년 3, 4월 수선화축제가 열린다.

그 꽃

고마나루 솔숲에 한 송이 꽃 피었네

와락 달려들다가

너무 고와서 어쩜

가까운 듯 멀리

거리두기로 바라봐야 할까 봐

아, 몽환夢幻의 야릇한 그 꽃

마늘종 뽑기

천 평 넘는 마늘밭에서
마늘종 뽑는다고 채비하고 들어섰더니
요놈들이 뽑히는 줄 알고
그새 숨었는지 보이지 않네

통통한 놈, 호리한 놈, 짧은 놈
보이는 족족 뽑는 것 같은데
실상은 보이지 않네

어쨌든
빠르게 제일 먼저 앞서갔더니
포대만 빈 자루

에라 모르겠다
뒤돌아봤더니

어이쿠야,

얼굴 히죽이며 보란 듯이 서 있는
잘생긴 마늘종 그놈들

개망초꽃

배고플 때 제대로 먹지 못하여 헛것이 보일 때쯤
올망졸망 감자꽃이 핀 감자밭둑은
온통 지천에 깔린 꽃들로 소리 없는 바람결에 아우성을 친다
애들은 허풍선이 쌀과자가 널려 있다고
숨차게 뛰어와 팔 벌려 좋아하는데
곡기 끊은 할매는 곧 저세상 문턱에서
다리를 건널까 말까 하는 중에도
아금박스럽게 여린 듯 질긴 자태로
산모롱이 감자밭둑에 지천으로 피었다 지는…
어느 처녀가 무엇을 걸쳐 입었는지
어떤 문양의 양산을 쓰고 가는지
유행을 가장 먼저 알아차려
환영과 배웅의 이치를 알아가건만
소식을 가장 빨리 알아 설레는 맘 다부지게 하고
내려앉는 맘 돌아볼 틈 없이
눈물 머금어 슬픔을 글썽이는
청순하고 가냘프게 젖은 하얀 손수건

마당에서 키우는 빗지 않은 하늘한 백구의 꼬리마냥
보슬보슬 꽃이 필 무렵
가물어 한 모금의 물 가지고 아랫집과 다툴 때에
은근히 꽃대궁 들이밀어
화해시켜 더불어 달빛 품은 그림자처럼
민초들과 어우렁더우렁 사는 사랑잡이
밤하늘 총총한 별들을 바라보며
별이 되고픈 동경憧憬의 마음이 사무치는 몸짓에
내내 가냘프지만 내내 독한 듯
꿋꿋하게 살아 의연함을 드러내니
그렇게 정들어 떼어낼 수 없고
그래서 은은히 그리움 실어 너를 좋아하는 거다

단풍나무 숲길에서

하늘은 높푸르고 나는 단풍나무 숲길을 걷는다
간간이 너울거리며 오는 붉은 단풍잎이 말하는가
너는 얼마나 붉게 살았느냐고

지상으로 별처럼 파르르 내려오는 고운 빛이
마지막 순간까지 방랑자를 부르며 또 말하는가
너의 삶은 얼마나 차이며 살았느냐고

골막*과 초름** 사이에 연연하는 삶이 아닌
포근히 안긴 그대 마음에 순결하게 살고 싶은 거다
이토록 벗들에게 짙은 인연으로 물들고 싶은 거다

* 가득하지 않고 조금 모자라게 담겨 있는 모양.
** 넉넉하지 못하고 조금 모자람.

너에게로 또다시

물에 부풀린 듯 시간이 지나고 나면
다시 뜨거운 가마에 들어가 녹을 만큼 익어야 하네
그런 후에 절구통에 들어가 터지고 으깨지지

순적하고 평탄하게 살고 싶은 마음 누구에겐 없으랴
그러나 몸서리쳐지도록 거듭나 쫄깃함과 고소함을
누려보는 돌아온 삶이라면 견딜 만한 일 아닌가

좋아한다는 말도 못 하고 그 얼굴에 향기 입은
화장을 하고 긴 여행을 떠난다 맛있는 삶을 꿈꾸며

모래시계처럼 흐르는 세월의 틈바구니에서
불거지고 화끈한 체험으로 두들겨 맞아
가슴앓이의 시간이 지나고 나면
너나없이 하무뭇한 시간이 다시 돌아올 거야

신발

주인이 가고자 하는 대로 간다
아스팔트 길, 시멘트 길, 흙밭 길
논두렁길, 진흙탕 길도 서슴없이 간다

주인의 마음이 심히 무거울 때는
나도 마음이 무거워 공원으로, 산으로
들녘으로 바다 끝도 말없이 간다

흙탕물에 빠졌을 때나
간혹 개똥을 밟아도 그러려니 하며 불만이 없다
돌밭을 갈 때도 가시덤불을 밟아도
주인의 안전을 위해선 필사적으로 경호한다

그런 생을 다해 밑창이 터지고
앞볼이 혓바닥처럼 나와도
주인이 편하기만 하면 무조건 어디라도 간다

가끔은 대접받는 자리에도 가서 흐뭇함을 만끽할 때는
최고의 예우를 받는 듯하여
속으로는 세상을 다 가진 기분이다
하지만 다시 신발 끈을 매고…

알리움꽃

보슬비가 내리는 날
그대를 처음 본 순간
무언가 통하는 걸 느꼈지

같은 마음으로 끼리끼리
무언의 위로와 위안을 받았지
왠지 그대와 함께하면은

무심코 흘러가는 시간을
잠시 멈추게 한 후에
단둘이 소통하고 싶어라

보라색 마음에서 분홍색으로
또는 하얀 마음이
보일 때까지

슬플 때 같이 슬퍼하고

아플 때 잠시만 아파하고
기쁠 땐 한없이 기뻐하자

화려한 슬픔은 지나가고
사랑스럽고 다정한 눈빛에
행복이 맘에 스며 젖을 때까지

그렇게 우리 한평생을
같은 색깔 같은 마음으로
끼리끼리 마음 나누며

함께하는 이 세상에서 꿈에 본
천국을 그리듯이
우리 그렇게

노란 목련

비 오는 어느 봄날 노란 우산 쓰고
샛노란 옷을 입고 그니가 나타났죠
황사와 미세먼지가 몰려와도 다 품어
얄찍얄찍 스미듯이 그렇게 내게로 왔죠
비가 오는 그날은 한 겹의 저고리를 벗고
또 한 겹 속살을 보여주듯 마음 창문을 열며
원래 나는 하얀 마음이었다고 솔직히 얘기했죠
어쩌면 흰옷을 입고 오는 것이 당연한 줄 알고
기다렸다가 낮달 머금은 듯 내심 놀라웠었죠
비 오는 내내 부끄러운 듯 옷매무새 여미지만
아랑곳없이 젖어오는 물항라 노란 저고리
그대 그리며 살아온 게 늘 행복이었다고
그날 그 자리서 그렇게 솔직 고백하며
심살내리듯이* 가련히 스러지는 그니

* 잔근심이 늘 마음에서 떠나지 않듯이.

3부

행복의 숲

그 사랑법

그렇게 좋아서 따라다니다
자기 수준에 맞는 사랑을 찾았다네
한순간인 줄만 알았는데
끝까지 인내하며 품어야만 했다네

널뛰기하는 인생은 겉으로만 도는데
그 사랑은 여전히 그곳에 있어라
가슴앓이하며 꾹꾹 눌러온 마음
펼칠 길 없어 태우다 만 그을음 사랑

그러면 안 되는데 하고서는
뒤돌아설까 하면 따라붙는 사랑아
아플 길 없어 속 다 보여준들
알 턱이 없는 속 타는 그 사랑

비둘기네 집

나는 식전에
노래하는 걸 좋아합니다
제목이 뭐냐고요?
구구구구

요건 비밀인데요
우리 집에 오실 땐
비밀번호를 눌러야 해요
구구구구

요래 살아도
은행 통장도 있답니다
비록 텅장이지만
비밀번호는
역시 구구구구

하루 종일

애들 교육시키는데
무슨 교육이냐고요?
구구구구

아다지오 adagio

우리가 만난 것도 늦은 오후 시간이었죠
흐리고 비 개고 바람 부는 날들도
수없이 지나갔지요 그래도
끝까지 믿어주고 아껴준 건 사랑 때문이죠
갈마드는 날들을 여기까지 잘도 왔네요
이제 천천히 가자구요
조금은 느리게 아다지오로

우리 앞에 촛불 꺼지는 날
비록 재만 남더라도 후회 없이 산 거요
상처와 절망의 벼랑 끝에서도
눈물 닦아주는 지금도 맴도는 사랑 때문이죠
갈마드는 날들을 여기까지 잘도 왔네요
이제 천천히 가자구요
조금은 느리게 아다지오로

행복 한 잔을 마시다

소금꽃* 동인들이
차 한 잔씩 마신 후
통영 미륵산 케이블카에 몸을 실었다

발아래 펼쳐진 한려수도는
우주의 화가가 그린
한 폭의 풍경화이다

와글와글 한바탕 떠들며
그림자처럼 지나가는 학생들이
찻잔에 들어가 사진 한 컷씩으로
웃음을 담는다

마음 뻣뻣한 중년들도
우리가 질세라 같은 듯 다르게
웃음으로 잔을 덥혀
찻잔 속 중년의 행복을 마신다

* 충남 권역에 적을 두고 활동하는 시인들의 모임.

여름 향기 가야산*

비 온 뒤 싱그러움을 안고
가야산 정상을 향하여 오른다

하늘에서 초록빛이 쏟아졌는가
온통 푸른빛으로 번진다

가끔씩 보여주는 숲속 하늘빛에
흰 구름 노니는 듯 흘러갈 때
아뿔싸, 푸른 나무에 걸린 저 구름

산소 같은 숲속의 계단을
하나씩 딛고 오를 때마다
마음속까지 짙푸른 호흡으로 적신다
우울의 그림자를 모두 쏟아내며

정상에서 바라보는
산 아래 시원한 풍경들이

온통 짙푸른 바다로구나

점점 기울어지는 빛 가운데로
시간을 물들이며 번져오는 노을

황포를 널어놓은 듯 그 색채에
가야산 여름 향기까지 젖어
해그림자 하르르 몰려온다

* 충청남도 예산군 덕산면과 서산시 운산면, 해미면에 걸쳐 있고 주변에 많은 문화유적을 간직한 명산이다. 높이는 678m이고 주봉인 가야봉을 중심으로 원효봉(605m), 석문봉(653m), 옥양봉(593m) 등의 봉우리가 있다. 덕숭산과 함께 1973년 3월에 덕산도립공원으로 지정되었다.

길 위에 묶이다

튀르키예 동남부 지역에 선교를 나갔다가
목적지까지 아홉 시간 걸리는 길 위에서
폭설을 만나, 그만 열일곱 시간을
고속도로 한복판에 묶이고 말았습니다
차창 밖은 하이에나 울음소리로 덤비는
날카로운 눈보라에 감히 밖으로 나갈 수 없고
버스 안은 난방도 이미 꺼져
온기마저 뿔뿔이 조각나 버렸습니다
가끔씩 차량의 맥박이 뛸 정도로만
시동을 켰다 끄는 기사는 조급함이 전혀 없어
한가로이 담배만 피워댑니다
자연의 섭리에 맡겨 사는
저들의 넉넉한 마음은 어디서 오는 걸까?
넓은 초원에서 기사도를 발휘한
선조들의 영향에서일까?
밤새 버스는 오들오들 떨다가
다음 날 동이 터서야 겨우 오금을 폈습니다

정오가 다 돼서야 기지개를 켜고
도움닫기 한 후 달리는 버스
멀리 신부가 긍휼의 면사포를 쓴 듯한
고아高雅한 설경을 선물로 눈에 담아줄 때,
거룩의 구름이 하늘하늘 승천하고 있습니다

단비

얼마나 기다렸던가
한동안 그대 빈자리에
산등성이 흉터 생기고
앓이를 심하게 했지

촉촉한 그대가 돌아오니
꽃들이 숨을 쉴 수 있다고
환한 얼굴 미소로
흐뭇하게 산들댔어

온갖 생명체들마다
마음까지 씻으며
흐벅진 함박웃음을 띠었지
고대했다고 간절하게

메마른 영혼까지 수액을
맞듯이 생동생동 깊은

곳에서부터 하무뭇하여
푸른 기운 솟아오르네

황태진국

우리 나이로 구십인 아버지가 지난 6개월 동안
위기의 고비사막을 건넜다
언제 이렇게 병원 문턱을 자주 넘어 다니셨던가?
앰뷸런스를 서너 번 타고 난 후 애태우는 자식들은
신경이 머리끝까지 늘 곤두서 있어야만 했다
그러던 어느 날 병원 진료 중 점심을 먹어야 했다
이도 시원찮고 아무거나 먹을 수 있는 형편도 아니어서
고민하던 중 마침 황태진국 맛집을 찾았다
날씨도 춥고 해서 들어간 집인데
의외로 맛과 영양도 있지만
무엇보다 따끈한 국물이 온몸을 녹여주었다
덕장의 매서운 눈보라에서부터 봄바람까지
쉴 새 없이 얼었다 녹았다를 반복하며
마지막에 말린 몸을 내어주는 황태
그 황태를 거두어 가마솥에 곰지게 우려내어
뚝배기 그릇에 올려놓으면
추웠던 온몸이 사르르 녹아 단내 나는 일품 먹거리이다

아버지는 일평생 된바람 맞으며 자식 농사를 지었다
온몸의 진액이 다 빠지고 말라 스스로 덕장에 내어줌이 되어
이제는 제대로 걷지 못하여 고붓한 허리를
지팡이 의지하여 터벅터벅 걷는 모습이
가련하게 입 벌린 황태와 같은 것이다
매섭게 삶의 온도가 내려갈 적마다 얼마나 애간장이 탔을까
사랑진국을 죄다 빨아먹은 자식 놈들의 마디마디
효의 눈금을 재보면 얼마나 될까
온몸을 내맡겨 스스로 진국의 삶을 사셨던 아버지
아버지와 둘이서 황태진국을 뜨며 눈물로 입가심을 했다
나는 단내 나는 생의 고비사막을 잘 건너오신
아버지가 자랑스럽다

샤워하는 날

낮잠을 주무시고 계시던 아버지를 깨우며
아부지 샤워하게 옷 벗어유
왜?~ 안 혀어, 목욕헌 지 얼매 안 됐는디
안 하긴 뭘 안 한대유 냄새나유
깨끗헌디~
마지못해 옷을 벗고 욕실로 들어가시는 아버지
혼자 가시믄 어떡헌대유?

욕실 방석을 깔고 앉아 머리부터 발끝까지 씻긴다
머리에 물을 묻히고 있자니
머리는 어제 이발헐 때 깜었잖여
그땐 그때구 오늘은 몸 전체를 씻는 날이잖유
아부지, 비누 냄새 좋주?
이, 괜찮네에~ 비싼 거여?
예에
발을 닦아드리니
발을 왜 닦거어 맨날 딲는디

어른을 모시는 건지 애기를 키우는 건지
이렇게 실랑이를 하며 샤워를 마치고
수건으로 닦아드리려고 하니
내가 헉게
넘어지믄 클나유
괜찮여어

잠깐 자리 비운 사이
그새를 못 참고 밖으로 나오려고 하신다
그런데 수건이 없어졌다
아부지, 수건 어딨슈우?
몰러어, 오디로 내뺐지? 이, 저깄다
아이구야, 수건이 밖의 세면대에 걸쳐 있다
후다닥 마무리를 하고 나왔다

다 닦었으믄 속옷 입어유
한참을 이리 돌리고 저리 돌리고 하시더니

안 봬야
그렇게 어렵사리 속옷을 입고 나오셨는데
아뿔싸, 들어갈 때 입고 있었던 그 옷 그대로다
아부지, 새 옷 안 입으셨네?
이, 이 옷두 깨깟헌디~
아이구, 이거 며칠 된 거잖유

세월은 마라톤 하듯 아버지 나이를 쫓아간다
아, 이 멱살을 잡을 놈의 세월이여

병원에서

갑자기 응급실로 이동한 아버지는
누웠다 일어나는 일도
혼자 힘으로는 버겁다

마음은 뛰고 싶은데 몸이 안 따라주니
세상사 자기 맘대로
되는 일이 어디 있던가

간호한다고 옆에서 시중은 한다지만
어찌 본인 맘 같으랴

잠시라도 아픔 없는 세상에서 살고파라
자유로운 꿈을 꿔보는
긴긴 하루가 기지개를 켠다

카르페 디엠*

* carpe diem: "현재를 즐겨라"라는 뜻의 라틴어.

건강 이미지

웃으면 마음이 밝아오고

박수 치면 오장五臟이 춤을 추고

허리 돌리면 생기 돌아오고

꽃이 피면 봄이 스며오듯

걸으면 건강이 해반들* 다가오네

* 외모가 해말쑥하고 반드르르함.

명자꽃

다홍색 립스틱을 짙게 바른 명자누이는
4월 봄, 분내 풍기며 나들이를 준비했다
머리끝에 매는 댕기는 짧은 다홍색이었다
누구랑 약속하고 가는지는 아무도 몰랐다
그저 얼굴 표정만 봐도 설렘이 그득했다
청순하고 수줍음 많은 누이는 샤방샤방
가슴이 떨리는가 봐 눈빛만 봐도 알겠더라
하얀 원피스에 분홍색 숄을 걸치고서…
그날 이후로 4월이면 덩달아 맘 설렌다

도비산島飛山*의 매력

고구마 하나를 접시에 올려놓은 듯 소담한
도비산의 속살을 들여다본다
부석에서부터 오르는 양쪽 길가에는 파란 하늘 아래
목백일홍이 도열하여 지나새나 오가는 이들을 응원한다
등산 초입에서의 올망졸망 큰개불알꽃이 귀여움을 선사하고
하늘로부터 내려 꽂힌 듯 여러 형상의
바위들이 우람히 서 있어 위용이 당당하다
산새 소리와 솔숲은 어우러져 봄을 앞당겨 초록빛을 띠고
아리따운 분홍 습자지처럼 얇은 진달래 꽃잎이
바람결에 꽃술을 흔들어대니 꿀벌들이 와락 달려든다
숲속 오솔길로 접어들면 짙어오는 솔향기 봄바람의 애무에
비밀스러운 보물 주머니를 가진 현호색꽃들이 부풀어 오른다
생강나무꽃마다 연신 불꽃놀이를 하는가?
수줍은 듯 노란 꽃망울을 자꾸 터트려 하늘로 쏘아 올리니
솔잎이 빛깔 곱게 물든다
비수처럼 세워진 바위 사이를 지날 때는
협곡을 오르는 듯 착각을 일으킨다

간이 전망대에서 보는 멀리 천수만의
시원스러운 풍경이 그림 같고 몇몇 바위들은 추운 듯
솔잎을 이불 삼아 덮고 아직도 깊은 잠을 자는가 보다
등산로를 따라 오를 때는 누런 솔 이파리 주단을 깔아놓은 듯
비단길을 만들어주고 있다
드디어 마지막 봉우리 힘차게 오르니 확 트인
서산 시내와 천수만 절경이 가슴을 시원스럽게 해준다
지난날 모월**의 아픈 역사를 말없이 품은 채
천수만에 둘러싸인 철새 도래지에
흑두루미 한가히 노니는 걸 보며 흡족해하는
든든한 친구 같은 매력 덩이 도비산

* 서산시 부석면과 인지면에 위치한 높이 351.5m의 아담한 산으로, 천년 고찰 부석사를 품고 있으며, 패러글라이딩장과 해돋이 전망대, 해넘이 전망대가 있다. 정상에서 보는 천수만 일대의 저녁노을의 모습은 황홀하리만큼 아름답다. 4월 초순의 도비산을 詩로 채색하다.
** 1961년 정부는 '사회정화'라는 명목으로 충남 서산 인지면 모월리에 약 1,700명의 사람들을 모아 강제 노역을 시켰다. 이들은 적법한 절차 없이 수용되어, 갯벌 개간 등 고된 노동을 하며 폭력과 인권침해를 당했다.

어은돌漁隱乭* 오후 풍경

5월을 흠뻑 적신 봄비는 산마루 짙푸르게 하고
하늘 덮을 듯 무성한 벚나무 이파리들이
모항리 가는 길가에서 여유롭게 살랑인다

비 그친 오후,
이름이 예뻐 자꾸 가고픈 어은돌 해변에
조용히 정박한 고깃배들은 사공의 눈치를 보는가
하얀 옷을 입은 등대는 수호신처럼 눈 번뜩이며
위엄스레 서해를 지키고 있다

물안개 피어오르는
저 멀리 떠 있는 듯 작은 섬들이
아기자기 몽환으로 이끌 때

저 건너 파도리 해식동굴에서 누군가 노래를 하는가
해수욕장 둥글넓적 자갈돌들이 음률에 맞춰 춤을 추니
파도 소리 점점 환상곡처럼 웅장하다

꿈꾸는바다** 저 솔숲 언덕에서 보는 항구는
풍요롭고 온화하다 어머니 품처럼…
물빛에 어린 오후 햇살은 윤슬 더욱 찬란하다

바닷물에 하루를 낚고 있는 젊은이의 꿈은
언제 낚일 건가 한가롭기 그지없고
갖은 해산물들을 차려놓은 노포들이
촐촐한 오후를 손짓하는
쾌청하니 푸른 날

---

* 태안군 소원면 모항리 소재. '모항과 파도리 사이를 이어주는 돌'이라는 뜻으로 '이은돌', '여운돌'로 불리다가 '고기가 숨을 돌이 많은 마을'이라는 뜻의 한자 지명으로 '어은돌'로 표기하게 되었다. 그 밖에 여원돌, 어은돌, 연돌, 연들 등 많은 이름을 갖고 있다. 해수욕장과 항이 맞붙어 있다.
** 태안 休힐링센터.

하루를 보다

영차영차
개미 한 마리가 열심히 먹거리를 나르는데
해 뜨고 비 오는 건 어찌 그리 잘 알까
아등바등 살 것도 없이
마당을 넓히고 싶으면 넓히면 되고
방 한 칸을 만들고 넓히고 싶으면
또 일하면 되고
땅 살 것도 없고 집세 낼 것도 없고
일 안 해도 늘 부지런하다는 별명을 들으니
이 하루도 참 부러울 만큼 행복하게 사는구나

마침표 대신 쉼표

어느 만큼이 호의이고 어느 만큼이 배신일까
그렇게 살면 안 되는 거 아닌가
언제까지 참고 기다려야만 하는가
이제 그만해야 되는 건가

모질게 모질게 끊어내려 해도
옛정이 생각나 함부로 점을 찍지 못하네
정녕 그 끝은 무엇이고 어디란 말인가
흑백의 원리 앞에 무너지는 이 마음

어느 만큼이 진실이고
어느 만큼이 온정이며
또 어느 만큼이 사랑일까

이제는 너를 위한 마음 문을 닫고 싶지만
한 날 괴로움은 그날에 족하다 했으니
넘어진 김에 쉬어 가면 되는 거지

다시 마음을 원위치에 놓아보자

몇 날 며칠 소홀히 한 늙은 아비의 틀니처럼
헤픈 마음은 이미 뒤틀려 맞지를 않네
눈물범벅으로 서 있는 마지노선에서
세월의 무게만큼이나 위선의 목발을 짚는다

내가 찍은 마침표가
임계의 정점에서 마침내 흐려진 마침표일까
얼룩진 마침표일까
아니면 당당하고 확실한 마침표일까

그것이 아니라면 지나온 아픈 시간들에
잠시 쉬었다 가는 쉼표를 붙이고 숨을 돌리자

삶이 무너지는 벼랑 끝에 서 있을지라도
인생의 마침표를 스스로 찍을 수는 없는 게지

스펙트럼처럼 지나온 세월에 꽉 찬 빛깔의
낱장을 뜯어내 쉼표를 붙인다

한 박자 쉬고 가는 것이 생기를 얻는 비타민이라면
인생의 무게만큼이나 지치고 힘들 때
아니, 상처가 거듭될 때
어느 누군가 널 위해 기도하고 있음을 잊지 말자

그렇게 너와 나의 마음이 가만히
오후의 윤슬로 빛나는 강물처럼
영혼의 고요와 잔잔한 평화가
온정으로 흐르기를 기도하자

배신의 아골 골짜기를 넘어
사막 같은 골마다 샘물 터져
슬픔이 환해지는 날까지

4부

공존의 숲

마스크 미인

따사로운 해그림자도 마스크를 하고 있는데
훨씬 젊어 보여 누구도 미인 아닌 자가 없구나
내뱉는 말들도 거르는 필터가 있으니
말 능선이 보드랍구나
꽃잎 터지는 함성 들리는 봄날에
마스크 미인들을 불러 열린 표정을 조율하는가
몇 년째 마스크를 쓰다 보니 이제 적응이 되는 건가
마스크 벗는 것이 오히려 이상하다 하네
다듬어진 정갈한 이맛살로 소중한 벗들을
편안하게 하는 것이 마스크 미인의 몫인가
지루한 마스크 생활도 이제 희망봉을 넘어선
내리막 자취일런가

꿈과 꿈 사이

터키 어느 도시 한복판에서
길을 잃었나 보다
'우리에게 잠이 필요합니다'
(uykuya ihtiyacimiz var)
라고 하는데 잠이 깼다
'에고 여기는 한국이지
내가 왜 이러는 거야' 하고
또 선잠을 자다가
'우리에게 잠이 필요합니다'
또 터키 말로 주문을 한다
'정신이 몽롱한 오미크론 증상인가 봐'

거미

주인 허락도 없이
욕실에 불법으로 집을 짓고
한량처럼 왔다 갔다 건들대더니
주인이 목욕하는 사이
천장에서 중벽까지 내려와
눈요기하며 그네를 탄다
요런 고얀 것이 있나
불법점거에다 주인의 거시기까지
빤히 쳐다봤을 터이니
불경죄 포함하여
대법원까지 갈 것 없이
즉결심판으로 극형에 처하노라

얼음꽃

얼마나 바람이 더 불어야 하나
선명한 미래의 꿈을 이루기 위해
서럽게 시린 아픔의 통증들이
눈부신 찬 바람에 하얗게 묻힌다 해도
한 송이 꽃으로 다시 피어나
인내의 화사한 슬픔마저 향기 되어
내게도 기어이 봄은 오겠지 그땐
내 무거운 맘 녹아내려도 좋아

상강霜降에

하늘 높이
지나가는 빠른 구름은
높은 빌딩을 어지럽게 자빠트리고

서리가 내린다는 날, 들녘의 농부들은
막바지 가을걷이로
겨우살이 채비를 서두르는데

그즈음, 머나먼 길로 떠난 K선교사의
우렁우렁한 울림의 목소리는
저 산 너머에서 쟁쟁하게
세례요한의 메아리로 들려온다

영혼의 가을걷이를 기다리는
저 넓은 초원의 땅, 그곳으로부터

덴드로븀

몰랐다
정말 몰랐다
천방지축 말괄량이인 줄만 알았는데
그사이 성숙한 민낯 고운 새악시 얼굴로
아침 일찍 바른 분粉 냄새가 아닌
너의 진솔한 생명의 향기가
문지방을 넘어 사방으로 흩어지니
먼저는 소담스러운 자태에 취하고
나중엔 촉촉하고 진한 숨, 그 향에 취하는
아! 어여쁜 분홍빛 미인이여

숨

지하에 살 때는 여름 곰팡이에 시달려
숨을 제대로 못 쉬고
빚을 지고 살 때는 매번 하는 일들에 주눅 들어
숨을 제대로 못 쉬고
답답하여 냇물 졸졸 흐르는 계곡에 발 담그고
음악을 들을 때면 잠시나마 숨을 쉴 수 있었지
그래도 부대끼면 골방으로 들어가
낙타 무릎으로 눈물 뿌려 기도하지
어느 날 비로소 정말 숨 쉴 곳을 찾았어
그곳은 멀리 있지 않아 아주 좋아
애인 같은 시詩와 단둘이 마주 앉아 있을 때
편백나무 아래서 산림욕을 하듯이
아주 편하게 숨을 쉬고 있는 것을 예전엔 미처 몰랐어

병원 엘리베이터

오늘은 기분이 어떠신가요
편안한 꽃마차가 돼드릴게요
누구든지 올라타세요
저기 목발을 짚고 있는 청년도
수술받으러 가는 어르신 침대도
휠체어를 탄 사람도 물론이구요

기분이 좀 나아졌나요
링거액을 들고 있는 꼬마도
흰 가운을 입었든지 환자복을 입었든지
마다하지 않습니다 병원에 오는 어느 누구도
원하는 곳으로 사뿐히 모시겠습니다
지하층이든지 지상층이든지

힘들어도 미소는 잊지 마세요
하루 종일 오르내리는 일, 내 고단하지만
미소로 봉사할게요 내 목숨줄이 붙어 있는 한

다리 아픈 분은 적극 이용하세요
꽃마차 탄 기분은 좀 어떠셨나요
부디, 집에 가실 때에는 웃으며 가시길 영혼까지

그대가 있어

내가 지치고 힘들 때 누군가 위로의 노래를 불러준다면
마음 따듯하게 불을 지핀 그대가 있어 눈물로 화답할 거야
절망의 골짜기에 혼자 있을 때 구원의 노래를 불러준다면
흔연스럽게 무릎으로라도 걸어 슬픔 넘어 벼랑 위를 오를 거야
통쾌하게 일을 다 하지 못한다 할지라도 철마다 마음을 다해
응원해 준 그대가 있어 희미하게나마 희망이 보여 감사해
낙심하여 눈동자는 힘이 풀어지고 팔이 늘어져 있을지라도
변함없이 꼭 잡아준 그대의 팔에 더없는 평안 있어라 언제나

아라메길*과 황금산

삼길포항에서부터 황금산까지의 아라메길을 걷는다
벚꽃잎 진 구불구불한 산길을 오르며
둘레길의 정겨움에 마음 뺏기고
그 길에서 만난 청미래 이파리는
녹옥처럼 빛 고운 자태를 뽐낸다
전망대에서 바라보는 멀리 서해에 놓인
속소그레** 섬들이 깔아놓은 주단이다
산 밑으로 내려와 마을 길에서 만난
지붕 낮은 정겨운 그 시골집
나무 대문을 삐걱하고 밀면
주름진 미소로 주인장이 반겨 맞을 것 같고
새록새록 돋아난 육쪽마늘 영그는 밭둑길을 걸을 때는
진한 향수 불러온다

어느새 포도鋪道를 통과하니
아라메길과 손잡은 황금산이 어서 오라 손짓하고
환한 안내 표지판을 따라 오르는 산은

흙 밟는 소리만큼이나 정상이 저만치에 있다
연초록 떡갈나무 이파리가 볼을 만지듯
살랑살랑 손 까부르고
잡목들이 서로 키 재기 할 즈음
소나무는 곧 송홧가루를 쏟을 모양이다
산책의 묘미를 안겨주는
야트막한 산등성이 위에서 본 서해 풍경
서녘 어디쯤에서 오후의 안개 스멀스멀 다가와
멀리 섬들을 살포시 감싸안으니
미지의 세계로 이끄는 듯하다
숲 별 총총한 푸른 꿈 하늘로

빛의 계곡으로 내려가면
가장 낮은 자리에서 보드라움을 보듬는 몽돌들이
발걸음 옮길 때마다 예쁘게 내지르는 소리에
설렘으로 반하다
바닷물에 코를 바짝 대고 천만년쯤 서 있는 코끼리바위는

큰 숨을 쉴 때마다 은빛 물결이
밀물과 썰물 되어 교차하듯 파도친다
산길을 걷는 이들마다 종교심이 무언가
돌탑 층은 높아만 가고
도독한 쉼터에서 한시름 놓고 도렷이 재잘대는
아르카디아*** 그 행복 익어갈 즈음
출렁임과 자지러짐의 파도 소리에
초록빛이 점점 짙어만 가는 황금산

* 황금산-삼길포항(서산 아라메길 3구간).
** 조금 작은 여러 개의 물건이 크기가 거의 고르게 많음.
*** 목가적牧歌的 행복의 이상향.

6월에 1
- 현충일

이른 아침 감사의 마음으로
태극기를 단다
이 집 저 집 조기弔旗를 달고
자신의 일을 한다면
호국 영령들도 좋아하시겠지

잃어버린 자유 어떻게 찾았는데…
이 민족 귀중한 가치 소홀히 한다면
돌이킬 수 없는 후회만 있을 뿐

바쁜 일상에서도
나라 사랑하는 마음 조막만큼이라도
가슴에서부터 일어난다면 좋으리

6월에 2
- 비목 앞에서

산 들이 초록빛으로 짙게 물들여질 때
한 무명용사의 스러져 간 비목 앞에서

그의 빛나는 뜻을 새기며
시대를 넘어 참자유를 노래하는
병사의 진실한 기도 소리에

하늘은 파랗게 파랗게
마음은 푸르게 푸르게

추모의 슬픔은 백의의 순결함으로 끌어 올려
6월 구름이 저만치서부터 걷히고 있네

춘분과 추분

낮과 밤의 길이가 같다는 것은
친분스러운 조화로움이다
그렇게 서로 떨어질 수 없듯이
친친한 자는 어울려 사는 것이지
낮이 캄캄하여 우박이 쏟아지고
밤이 백야처럼 환할지라도
자신의 몫을 충실히 감당하듯이

너와 나의 생각과 이념이 달라도
낮엔 낮대로 밤엔 밤대로
역시 자신의 영역에 충실한 것처럼
악상황에서도 마냥 친한 다윗과 요나단처럼
지난날보다 더 어깨동무로 가까이
충분한 우정으로 익숙해짐에 끌려
친구로서 더불어 끈끈하게 살자

그러하니 이젠 대거리하지 말고

너는 밤의 마음을 그리고
나는 낮의 마음을 새기어
공유와 소통으로 살아보세나
세상 마지막 날까지 하못이
조화로움을 이루며 그렇게
또 그렇게 오롯이 인정하며…

홍수

지난밤 촉촉이 오기를 기다렸건만 결국
조용히 잠자던 운명을 훔치고 말았는가
한데 뒤엉켰던 감정들도 다 풀 새 없이
애먼 생들을 거침없이 휘돌며 잡는구나

사막에서 홍수가 나고 빙하지대에서
아찔한 산사태를 만나는 것보다 한결
더 공포스러운 무도의 지나친 패권霸權인가
아, 너덜겅 같은 한계의 밖 혼미한 현실이여

보잘것없는 풀꽃 생들은 숨 가쁘고 모질게
살아왔건만 눈 깜박할 새 초췌한 풀잎들은
쓸어 간 생각 조각들을 추스르지도 못한 채
물끄러미 바라보며 하염없이 흔들린다

온갖 미디어에서 몰려오는 거친 쓰나미에
둥둥 떠다니는 오래된 생각과 그 조각들,

과연 솟는 격랑의 물결에서 저 주춧돌은
얼마나 지탱하며 견딜 수가 있을런가

천수만 랩소디

밀, 보리 익는 계절에는 천수만에 나아가 사계를 노래하네
서해랑길 따라 걷다 보면 간월도와 널따란 새들만 간척지는
외로움과 고단함을 머금고 있어라 간절함 무엇으로 채울까
금계국 노랗게 핀 도당천 둑길에서 가을 하늘을 그려보니
천川과 마주하는 간월호가 옥처럼 꿈처럼 몹시도 고와라

논바닥 곱게 고른 써레질에 은빛 물결 윤슬처럼 왕 빛나고
모내기 철 새들만 간척지대는 부지깽이라도 도와야 할 판인데
멀찍이서 먹잇감을 찾는 나그네 황새는 한량처럼 한가하다
봇도랑물은 넘칠 듯 철철철 흘러 풍요의 곡창을 준비하누나

천수만 간척지는 이 하루도 가을을 잉태할 채비를 하는데
논두렁 풀색이 살랑 짙어 올라 초록 물결 일렁이듯 빛 고와라
노랑부리저어새, 가창오리, 큰기러기 떼, 흑두루미 재잘대며
맵시 있게 날아와 날개를 잠시 접는 곳, 하늘의 장엄한 영웅들

늦가을로 접어들면 저들의 화려한 군무에 와락 탄성을 지르며

가을 환상곡의 눈부신 후렴곡을 부르듯 황홀경에 이르게 하네
초지는 정원 같고 곡창 바라기에 진심을 담는 농부들 마음은
꿈꾸며 도래하는 철새들에게 사랑 줘 스스로 공존을 배운다네
아, 벼 이삭 익는 계절에도 미더운 천수만에 나아가 노래하리

5부

믿음의 숲

열방을 향하여 일어나라

눈을 들어 10/40 창을 보라
우리가 살펴 나아가야 할 땅
그 땅을 믿음으로 밟으리니
증인들이여, 사역使役을 하러 가자
당당히 일어나 선포하며 나아가자

열방의 민족과 종족을 품고
일어나 힘껏 발을 내딛자
낙심된 제자들 엠마오로 내려갈 때
주님 나타나 말씀하셨듯이
마음이 뜨겁지 아니하더냐
마음이 뜨겁지 아니하더냐

불같은 성령이시여
권세와 능력을 가지신 이여
모든 사람을 크게 하심과
강하게 하심이 주의 손에 있음을

믿고 찬양합니다

저 세상이 외면하는 곳
영적 어둠이 짙게 깔린 곳에
그리스도의 밝은 빛으로
손 내밀어 주소서
구원의 주이시여, 만나주소서
영과 육이 살게 하소서
회복되게 하소서
온유한 음성으로 안아주소서

예슈아, 예슈아
저들의 소망이 되어주소서
말씀이 없어 비틀거리는
저 불쌍한 종족들을 일으키소서
헛된 신과 우상을 버리게 하소서
예슈아, 예슈아

그 앞에 모두 경배할지어다
기초를 세운 증인들이여
열방을 향하여 일어날지어다

■ 2021. 12. 8. 서산 30기 목회자비전스쿨 수료식에 조현곤 목사 짓고 낭송하다.

2023 성탄절 아침에

눈꽃이 피어나는 성탄일 아침
가장 낮은 곳으로 오신 아기 예수는
어둡고 헐벗고 누추한 세상에
빛으로 풍성하고 넉넉하게
인간의 아픈 마음을 어루만지시며
천사들의 하늘 울림의 노래에 맞춰
평화로, 평화로 오시었네
오, 주님께 영광

온 세상 하얗게 내려 덮은 탄일 아침
모두가 화이트 크리스마스를 노래하는
지금, 서쪽 끝자락 저 베들레헴에서는
끝이 가뭇없는 전쟁의 화약 냄새로
가장 초라하게 성탄을 맞이하네
어슴푸레 촛불 흔들리는 현실 앞에서
가없는 아픈 마음들의 염원을 안고…
오, 소망의 빛이시여

긍휼과 평화의 주님
이 땅에 내린 슬픔이 다시 기쁨이 되고
온갖 내로남불이 흰 눈보다 더 희게
사랑으로 온 누리를 덮으소서
전쟁과 지진, 자연의 재해로부터 보호하사
참자유를 누리게 하소서
저주가 회복되어 은총 은총, 풀어지는 축복의 비밀
오, 주님께 영광

하나님 사랑합니다

하나님 사랑합니다
하나님의 사랑 아니면
난 벌써 이 세상에 없으리
주의 은총으로 지금 이곳에 있으니
세상 끝 날까지
나를 덮으소서 주의 사랑으로

하나님 경배합니다
하나님의 은혜 아니면
난 벌써 절망으로 떨어졌으리
주의 은총으로 지금 이곳에 있으니
세상 끝 날까지
나를 덮으소서 주의 은총으로

벚꽃 훈민訓民

벚꽃 흐드러진 길
터널 되어 황홀한데
저 꽃이 필 때면
몰고 온 명지바람에도
여지없이 비가 오더라

그 사람 모두가 부러워
잘나가는 듯 보였는데
그 화려한 인생살이도
잠깐 불어온 바람 한 점에
여지없이 고꾸라지더라

주와 동행하는
믿음의 벗님네들은
거룩한 통로로 비전 품으니
오히려 속사람 화려해져
벚꽃보다 더 아름다워라

안면도의 하루

봄 햇살이 내려와 머문 그 자리에
따스한 온정으로 불을 지핀
한 분 한 분의 미소 띤 얼굴엔
주의 영광 빛까지 스며 있어
족적마다 가볍고 환하다

안면송 우거져 자태 우람한
오솔길을 정담으로 채우며
마주하는 평화의 어깨는
정돈된 나문재 카페로 이어져
곱디고운 꽃길을 산책한다

정원에서 본 먼바다 수평선에서
피어오르는 뭉게구름이
봄 향기 풍기는 수채화이다
아메리카노인지 아무렇게나인지
한 모금이 보드랍게 입술을 적신다

저마다 자랑질하며
하늘 향하여 풍기는 꽃 향과
포근히 감싸는 미소천사의 품위가 어울려
섬기는 님들의 마음까지
비취색 감도는 안면도의 하루

파스텔색 정원에 스미다

허공에 나부끼는
버들가지 늘어진 바람결에
열두 제자의 화신化身으로 서서
파스텔 톤 고운 색채의
수국 정원 길섶을 거닌다
아직 발길 닿지 않은
열방을 꿈꾸며

나에게 주어진 끼와 재간을
잠시 은총의 창에 걸어두며
수채화 액자에 한 컷의
추억을 담는다

주의 은혜가 파스텔 빛깔로 다가와
은은하게 번지는 순간
아직은 여린 눈동자의
초롱한 눈매에 마음을 적시며

다시 영혼을 사랑하는
열두 제자로 설 때에
서방으로 진군하라시는
파스텔 색채로 다가오는
하늘의 음성

나는 돌아오는 길에
지난 석 달 열흘의 하늘을
기도로 닦았다
같이의 가치를 마음판에 새기며

선교의 꿈을 디자인하다

가을 엽서가 포르르 내리는 하늘 높아 푸르른 날
비전 품은 32기 서산 목비* 주의 종들이
사랑의 띠로 하나 되어 안면제일교회에 모였다

선한 영적 리더십으로 목회하며
선교 열정으로 열방의 종족을 품고 사역하신
이재원 목사님**의 광폭 사랑, 주님 닮은 성품을 배우다

이어, 사랑 담은 정갈한 명가 밥상에
화목을 차려 행복을 나누고
원산도 바다 품은 풍경 좋은 카페에서
한 모금의 커피 향을 음미하며 선교의 꿈을 디자인하다

안면의 품세 위풍당당한 소나무의 매력에
잠시 마음 뺏길 즈음
머얼리 비둘기 같은 형상을 드리운
영목교회***의 영롱함이 마음을 사로잡는다

동행의 자리에 임한 동역자들의
선교 열정의 빛나는 선한 눈빛과 그 마음이
벌써 열방 땅 누군가에 선교 엽서를 보낸다

* 인터콥 32기(2022년 후반기 김태관 목사 팀장 '환성감리교회') 서산 목회자 비전스쿨.
** 안면제일감리교회에서 18년을 목회하시고 2023년 4월 은퇴하심.
*** 영목성결교회.

하나님이 조선을 이처럼 사랑하사
– 양화진 선교사 묘원에서

버티다 버티다 결국은
돌이킬 수 없는 개항으로
선교의 문이 열렸으니 이 땅을
살리는 복음이 촉촉이 스며들었어라
값진 피와 함께

예수 사랑 충만하여
뻘과 같은 조선의 흑암 속을
거침없이 들어와
봉사와 희생으로 아낌없이 주님 마음
한 줄기 빛으로 비춰준
파란 눈동자의 증인들

왜, 이토록 저들은 조선 땅에 애정을 주었나
그것은 오직 한 가지 이 터를
예수 사랑 구원의 빛으로
밝게 하기 위함이었어라

조롱과 저주의 칼을 든 자들이
예수 앞에 무릎 꿇고
변화된 삶과 사역자로 살며
믿음의 후계를 이어왔어라

이 땅을 사랑하신 하나님!
아니, 조선을 사랑하신 하나님!
지금도 살아 계셔서
대한민국을 이끄시는 하나님!
찬양합니다 경배합니다 감사합니다

선교 140주년이 되는 이즈음에
이제 그 빚을 갚고자
열방을 품고 서진西進해 나아갑니다
갈급한 영혼들을 사랑함과
사역을 감당할 수 있는
힘을 주소서!
이 땅에 첫발을 디딘 주의 종들의 마음처럼

은혜의 선교 동산
− BTJ열방센터에서

선교를 향한 열정이 춤을 추는 곳
10/40 창을 열어 생명을 불어 넣는
하늘 영광 은혜의 전초기지

열방의 종족들이 주님 품으로 돌아오길
뜨거운 눈물로 기도하는 간절한 입술들,
선교를 넘어 자신을 깨는 은혜의 강물이어라

펄떡이는 심장
순결의 숨결들이여
푸른 의의 나무로
우뚝우뚝 일어날지어다

선교를 꿈꾸는 짙푸른 소나무들도
거룩을 좇아 두 손 들어 함께
늘 만왕의 왕을 경배하누나

산딸나무꽃

고요한
십자가 사랑이
지난밤
살포시 내린 향설香雪로
내 맘에

소망의 꽃

파란 하늘수반에 꽃등불 켰어라
삼복 폭염 속에서도 저 등불은
꺼지지 않네

의로운 기도의 용사들은
꽃불로 하나둘 모여

8월 등불을 껴안고 맞불을 놓아
각 교회로 열방으로 불씨 흩뿌려

간절한 입술로 의의 열매를 열망하며
영혼 살리는 소망의 꽃 피웠어라

■ 여름 향기 짙은 8월, 산중에 있는 서산 충성교회에 다다를 때면 환하게 꽃등불 켜 반겨주는 목백일홍이 눈부시도록 황홀감을 자아낸다.

오래지 아니하여

요동하지 아니하고 주의 말씀 순종하여
어디든지 가서 누구에게라도 복음 전해
기뻐 찬송하며 믿는 자가 많아질 때
오래지 아니하여 주 오심을 믿네 마라나타*

세상 밖으로 선교의 문 열어 열방 가면
간절히 사모하는 자 이곳저곳에서 다가와
큰 무리로 함께 예배하고 주의 영 사모하니
오래지 아니하여 주 오심을 믿네 마라나타

이방신을 믿는 자들 참구주를 모셨으니
성령이여 함께하사 주 보혈로 감싸주어
어둠 권세 물러가고 약한 육신 치료하여
새롭게 하시오니 주 오심을 믿네 마라나타

* maranatha: 주여 어서 오시옵소서.(고린도전서 16:22)

물들여라 열방까지

한때는 너무 고와 너도나도 탄성 지르지만
금세 발길질당하고 채는 단풍의 삶에서도
당당하게 일어나 복음으로 물들이고 싶어라

그 붉은 단풍 너무 고와 순결의 주 보혈 그려보네
또르르 구르며 마지막까지 은혜 안에서 사랑받아
참기쁨을 주듯이 그대 구령의 열정으로 붉어보아라

빛 고운 별처럼 열방으로 나아가 예슈아 자랑하자
한순간도 주저앉지 말고, 한순간도 주저함 없이,
또 그렇게 결단하여 순종으로 주 다시 뵈올 때까지

거룩한 분노

너희가 나를 구주라고 믿느냐
말로는 십자가를 대신 진다 하면서
갈보리까지 올라가서는
나의 겉옷과 속옷을 벗기고 찢어
너의 주머니를 채우려는 음흉의 눈빛을 봤지
세상에서의 그 아귀다툼을

말로 호리고 잔재주를 부리니
아, 이 거룩한 분노를 언제까지
품고 있어야 할까
내 제자라고 함부로 말하지 마라
겉과 속이 달라 거룩한 척하는
위선의 옷을 입고 성스럽게 사는 자들아

아, 바알세불을 좇는 자들이여

연리지 카페에서

계룡의 향적산 언저리에 산방처럼
아늑하고 고풍스러운 팔작지붕 연리지 카페가 있다

각자의 취향에 맞는 차 한 잔을 시켜놓고
목양지牧羊地를 떠나 모처럼 회포를 푸는
선한 자리에 일곱 별 같은 반가운 얼굴들

도란도란 심중에 있는 현실적 얘기들을
입술로 토해내며 마음의 끈을 연결한다

그동안 살아온 것들에 대한 감사와
살아갈 일에 대한 경건의 연습을 통해
야훼의 산에 올라 진리의 도를 가르쳐
쌓아온 기도의 향기가 온 누리에 퍼지길 소망하며

향적산에 돋는 기도의 새싹들이 촘촘히 자라
미래에 우거진 믿음의 숲을 이루길 기대하며

연리지처럼 손과 손, 마음과 마음을 맞잡는다

말씀이 시온에서부터 나오는 것을 믿으며
성역聖役을 온전히 마칠 때까지 하냥 변치 말자고

■ 향적산과 미가서 4:2을 연계한 시.

시선視線

주님과 눈 마주친 베드로는
순간, 주님을 부인한 일이 생각나
밖으로 나가 심히 통곡하고 말았네
나도 그 뜰 어딘가에 서성이고 있었죠
그러나 두려움과 떨림 때문에 난
때로는 아닌 척, 때로는 관계없는 척하며
등을 돌려 얼굴 가리며 모르는 체
주님의 시선을 회피하며 살지 않았는가?

오늘을 사는 나는 하루에도 수없이
참으로 부끄럽게도 살아왔네
때로는 아닌 척, 때로는 상관없는 척하며
등을 돌려 얼굴 가리며 모르는 체…
주여!
내가 있어야 할 그 자리를 부끄럽게 피하지 말고
내가 피하고 싶은 그 자리 당당하게 있게 하소서
주님의 시선을 회피하며 살지 않도록

해바라기 해를 보고 자라듯이
주님과 눈동자를 마주하며
웃음 빛깔로 소통하길 원하네
주님의 얼굴을 구하게 하소서
나도 그 자리에서 담대히 고백하는 자 되게 하소서
'제가 주님의 제자입니다'라고 당당하게…
죽더라도 주님과 시선을 마주하며 미소 짓는…

내가 주를 부인하면 주님도 나를 부인하실 것이라

■ 디모데후서 2:12을 바탕으로 기초起草하다.

울라스*에 거룩한 빛이

영원하신 왕이시여!
그의 나라와 그의 의를 선포하는 자리에
갈급한 심령들이 모여 간절함이 이르도록 마음을 모읍니다

하늘 볕이 내리쬐는 뜨거운 다바오 울라스에
송알송알 돋는 땀방울을 훔쳐내며
그리운 말씀과 애타게 부르시는 주의 음성에
알음알음 모여 말씀의 장場이 열렸습니다
그 무더움도 배우고자 하는 열정과 열의를 꺾지 못했습니다

말씀을 빚어 풀어놓기까지 수고를 아끼지 않는
사도의 심장을 가진 사역자들의 그 사랑, 그 베풂의 정성이
하늘나라에 차곡차곡 쌓이게 하소서

지금, 세상 속 이야기가 아닌 살아 계신 하나님의 역사를 배우며
지금도 운행하심과 다스리심에 생명의 진리의 도를 깨우칩니다

생선 가시 잘 발라내어 부모를 섬기고 자식들을 키우듯
세상에서 가장 멋지고 자랑스럽게 살아가길 원하며
영적 어미, 영적 아비로서
말씀을 배양하여 나눠주고 뿌렸습니다

시나브로, 주의 나라가 저 땅에 임하여
삶의 모든 고리들이 풀어지고 고쳐지길 소원합니다
다시 오실 예수 스토리가 이어지게 하소서

저들 이후의 삶이 현실을 이기며
영, 혼, 육이 회복되어 하무뭇한 기쁨을 누릴 수 있도록
울라스에도 거룩한 빛이 임하시길 두 손 모읍니다

* 필리핀 민다나오섬 다바오에서 30분 거리에 있는 빈민촌.
■ 2024. 6. 3.~6. 7. 한 주간 위 장소에서 어성경(어, 성경이 읽어지네) 세미나가 개최됨.

| 해설 |

숲의 시학, 쉼표의 미학

윤성희 문학평론가

　조현곤의 이번 시집 『마침표 대신 쉼표』의 내부 섹션은 모두 숲으로 구획된다. '심연의 숲', '추억의 숲', '행복의 숲', '공존의 숲', '믿음의 숲'. 이 숲 섹션화는 앞에 '심연', '추억' 등등의 관형구를 얹은 데서 보듯이 숲이라는 구체물을 기준 삼은 것이 아니어서 어차피 추상적, 비유적 의미를 띨 수밖에 없을 테다. 숲은 나무가 울창하게 들어찬 곳이라는 일차적인 의미를 넘는 또 다른 의미의 집합이자 내면의 지형이고 사유의 밀림이 아닐까. 이런 생각을 앞세워 나는 조현곤의 시집 읽기에서 시인이 의도한 숲의 의미를 상상해 가며 시의 숲으로 난 오솔길을 따라 걸어보려고 한다.

바람과 햇빛과 비가 씨앗을 품고 그 위에 시간이 쌓이면서 숲이 되었다. 그렇듯이 이 시집 안의 숲도 시인의 사유와 감정이 세월과 함께 고이고 쌓여 이루어진 삶의 생태계가 아니겠는가. 그렇다면 이 숲은 단순한 배경이 아니라, 시인이 자신의 감정과 사유, 세계를 불러내고 배치하는 하나의 질서이며, 동시에 시의 몸체를 이루는 공간일 것이다. 숲이라는 추상의 구획 안에서 시의 삶은 계속 변주되며, 때로는 길을 잃기도 하고 때로는 놀라운 풍경을 마주하기도 한다. 시인은 이 시집에서 자신의 사유를 나무처럼 심고, 감정의 기후를 따라 생장하게 하며, 그렇게 하여 조성된 내면의 지형을 숲으로 엮어낸다.

숲의 길은 나타났다가도 사라지며, 가파르다가도 평평해진다. 숲은 때로는 고요하고 때로는 바람을 따라 불안하게 흔들린다. 조현곤의 시에서 숲은 그런 유동적인 감정의 무늬, 존재의 흔들림을 표현하는 상징적 공간이다. 이 숲에는 나무처럼 자란 말들이 있고, 흙처럼 눅진한 고백들이 있으며, 쉼표처럼 숨 고르며 걷는 삶의 호흡이 있다. 이 시집을 읽는다는 것은, 결국 그 숲의 오솔길을 따라 시인이 심은 감정과 사유의 나무들을 하나하나 쓰다듬는 일이다. 시인이 표시해 둔 이 숲의 길목들, 쉼표로 표시된 잠깐의 멈춤 속에서 각자의 리듬으로 시를 듣는 일이기도 하다. 여기저기서 말문을 여는 나뭇잎의 떨림, 그늘 아래 놓인 상처의 흔적, 기억이라는 덤불과 신념이라는 줄기가 서로 얽히며 자라나는 말의 밀림을 헤쳐 나가는 일이기도 한 것이다.

1. 진실의 숲 파고들기

숲에서 모든 생명체는 살기 위해 투쟁한다. 어떤 식물은 살기 위해 다른 생명을 감아 오르고, 어떤 식물은 빛을 얻기 위해 제 몸을 다른 몸 위에 세운다. 어떤 생명은 다른 생명의 죽음에서 자신의 밥을 구하고, 어떤 생명은 제 자식을 퍼트리기 위해 남의 자식을 잡아 없앤다. 생을 건 경쟁과 투쟁이 난무하는 현장이 숲이다. 인간이 살아가는 삶의 현장에서도 생존보다 더 절실하고 중요한 진실은 없을 테다. 때로는 죽음조차도 삶 속에 수렴된다. 가치 있는 삶을 위해서라면 죽음조차 불사해야 하는 경우가 있는 것이다. 그 생의 진실을 구현하는 절대적인 수단이 밥이다. 삶의 진실은 거창한 사상이나 고결한 이상에서 오지 않는다. 그것은 때로, 밥상 위에 놓인 한 그릇의 밥, 그 뜨거운 김 사이에서 피어오른다. 그래서 시인은 말한다.

밥보다 중한 것이 어디 있으랴
살고자 하여, 살아내고자 하여

밥 한 공기 때문에
싸우기도 하고 갈라서기도 하고
밥 한 공기 얻기 위해
자존심 내버리고 굽신거리고
……
내일은 모르겠다
오늘
밥 한 공기 내 앞에 있으면
세상을 다 얻은 것이다
그러나 한술의 밥에
양심의 찬을 올린다
−「밥」전문

"밥보다 중한 것이 어디 있으랴"라는 시의 첫 구절은 단도직입적으로 인간 존재의 진실을 찌른다. 이 문장은 선언이 아니라, 살아낸 자만이 말할 수 있는 실존적 고백이다. 밥은 단순한 음식이 아니라, 삶을 끌어당기는 몸의 자력磁力이요, 존엄을 둘러싼 투쟁의 상징이다. 밥 한 공기 때문에 싸우고, 갈라서고, 자존심을 접고 굽신거린다. 인간다운 삶의 딜레마가 위태롭게 걸쳐 있는 지점이 여기에 있다. 밥을 먹는다는 것은 어떤 날은 욕망을, 어떤 날은 체면을, 또 어떤 날은 날것의 부끄러움을 함께

삼키는 행위다. 그리하여 밥을 먹는다는 것은 존재의 진실을 삶으로 들여오는 일이다. 밥을 둘러싼 고통과 굴욕, 심지어 가증스러운 위선까지 감내하며 우리는 실존의 위대한 진실 앞에 선다. 밥은 곧 생존이지만 그러면서도 생존의 밥그릇은 윤리의 밥상 위에 놓인다. 밥은 세상의 전부지만, 그것이 맹목으로 흘러가서는 안 된다. 밥은 다시, 그것을 어떻게 구하고 어떤 윤리를 곁들이느냐는 물음으로 이어질 수밖에 없다. 시인은 말한다. 내일은 모르겠고, 오늘 밥 한 공기면 된다고. 하지만 그것은 체념이 아니라 오늘 하루를 윤리적 지평 위에 세우겠다는 시적 자아의 결연한 선택이다. 마침내 시인은 조용히 말한다. "한술의 밥에/ 양심의 찬을 올린다." 살기 위해서라면 무엇이든 해야만 했던 몸이, 끝내 자신의 내면의 양심과 대면하는 장면이다. '양심의 찬'은 삶이 삶답기 위해 필요한 가난한 자의 마지막 보루이며, 밥이라는 가장 구체적인 생존의 언어 위에 얹은 소박한 윤리의 고백이다. 시인은 생존을 말하지만 동시에 그 생존은 생존이 부끄럽지 않기를 바라는 마음까지를 포함한다. 그럴 때 시인은 실존의 비루한 현실 앞에서도 양심과 존엄의 길로 나아갈 수 있게 된다.

화사한 자태 오래 유지할 것 같아도
곱다랗고 화려한 시절 훌쩍 지나가듯

저렇게 모질고 휘휘한 바람이 부는데도
강인하듯 붙들고 있는 꽃잎일지언정

언젠가는 떨어질 것이 분명하니
영원한 왕좌는 아, 없는 듯하여라

망울망울 흐벅지게 떨어진 꽃잎도
자못, 넉살스레 고백하네 한 시절 고왔다고

떠날 때엔 애달프게 미련 두지 말자
모감 모감 이 한 몸, 뉘게나 자양분 될 건가

나의 생 오지奧地에서 눈에 띄지 않더라도
찬란한 꽃잎 편지로 남으리라 희맑게 영원히
- 「절정을 지나서」 전문

겉의 화려함은 종종 눈길을 사로잡지만, 그것의 사라짐은 마음속으로 스민다. 이 시에는 화무십일홍花無十日紅의 허망보다 아름다움이 지나간 자리에서 다시 시작되는 삶의 진실이 스며 있다. 시인은 눈에 보이는 절정을 기념하지 않고, 오히려 절정을 통과한 후에 남는 무엇, 존재의 내면에 오래 스며 있는 의미에 주목한다. 절정은 오래가지 않지만, 그 절정을 넘어가는 방식은 오래 남는다는 것. 그래서 나는 이 시의 마지막 두 연에 집중하게 된다. "떠날 때엔 애달프게 미련 두지 말자/ 모감 모감이 한 몸, 뉘게나 자양분 될 건가." 시인은 삶을 소진되는 것이 아니라 환원되는 것으로 바라본다. 자신을 피워낸 그 힘이 누군가의 생에 거름이 될 수 있다면 그 사라짐은 결코 공허하지 않다. 여기에 자신의 생을 소비가 아니라 타자에게로 흘러가는 유기적 관계 속에서 바라보는 시선이 드러난다. 현대적 삶의 분절성과 단절 속에서 우리가 소중히 인식해야 할 연결의 미덕이다.

"나의 생 오지에서 눈에 띄지 않더라도/ 찬란한 꽃잎 편지로 남으리라 희맑게 영원히"라는 마지막 문장에 오면 생은 '꽃잎 편지'라는 매개를 통해 마침내 '찬란함'을 회복한다. 중심에서 벗어나 있는 자리, 눈길이 닿지 않는 곳에서 피었다가 사라지는 존재일지라도, 그 생의 흔적은 누군가에게 편지처럼 다가갈 수 있다는 희망이 있다. 이 희망에 대한 믿음이야말로 시가 보여주는 궁극의 윤리가 아닐까. 보이지 않는 존재를 위한 시, 혹은 사라진 존재를 기억하는 방식으로서의 시. 그리하여 사라졌지만 그 흔적은 남아 의미의 잔향을 퍼트리며 '찬란'하게 소생할 수 있게 된다.

2. 생명의 숲 호흡하기

숲에서는 무너진 자리에 다시 이끼가 자라고, 꺾인 가지 아래 새순이 돋는다. 병든 나무를 품고 죽은 동물의 흔적을 거름 삼아 숲은 또 다른 생명을 기른다. 그래서 숲은 아픔을 안은 채로도 앞으로 나아갈 수 있게 하며, 회복의 힘을 다시 믿어보려는 태도를 일깨운다. 숲은 언제나 스스로를 다시 일으켜 세우는 방식으로 존재를 지속해 간다. 그런 의미에서 숲은 치유와 회복의 거울이다. 숲은 인간의 생도 그와 다르지 않다고 가르친다. 쓰러지고, 주저앉고, 절망하는 순간이 있더라도, 생은 결코 거기서 끝나지 않는다. 지하 골방의 눅눅한 공기를 뱉어내고 편백나무 숲의 신선한 산소를 호흡할 수 있게 해준다.

지하에 살 때는 여름 곰팡이에 시달려
숨을 제대로 못 쉬고
빚을 지고 살 때는 매번 하는 일들에 주눅 들어
숨을 제대로 못 쉬고
답답하여 냇물 졸졸 흐르는 계곡에 발 담그고
음악을 들을 때면 잠시나마 숨을 쉴 수 있었지
그래도 부대끼면 골방으로 들어가
낙타 무릎으로 눈물 뿌려 기도하지

어느 날 비로소 정말 숨 쉴 곳을 찾았어
그곳은 멀리 있지 않아 아주 좋아
애인 같은 시詩와 단둘이 마주 앉아 있을 때
편백나무 아래서 산림욕을 하듯이
아주 편하게 숨을 쉬고 있는 것을 예전엔 미처 몰랐어
– 「숨」 전문

「숨」은 실존의 풍경들 속에서 '숨 쉬는 일'이 얼마나 절박하고 절실한 행위인지 또렷이 보여준다. 곰팡이가 피는 지하 방의 공기, 빚을 진 몸이 짊어진 주눅과 무력감, 일상이라는 바위에 눌려 제대로 숨을 쉬지 못하던 시간들. 그러나 시인은 살아 있되 살아 있지 않은 '호흡의 결핍'을 견디며, 질식하던 일상 속에서 서서히 자신의 호흡을 되찾아 간다. 그것은 계곡물 소리에 발을 담그며 얻는 한순간의 평화를 통해서, 골방에서 무릎 꿇고 기도하는 고요한 내면의 의식儀式을 통해서, 무엇보다 "시와 단둘이 마주 앉아 있"는 시간을 통해서 얻는 치유의 숨결이다. "어느 날 비로소 정말 숨 쉴 곳을 찾았어/ 그곳은 멀리 있지 않아." 결국 '숨'을 회복하는 장소는 외부의 호흡기가 아니라 수수하고 순정한 시의 편백나무 숲길, 호흡을 다시 불어 넣는 내면의 바람길이었던 것이다.

숨쉬기란 가장 원초적인 생명 유지 행위이면서 시인에게는 감정과 존재 상태를 표현하는 시적인 표지가 되기도 한다. 숨 쉬기를 통해 자기 존재를 다시 믿게 되는 순간, 현실의 무게에 짓눌린 자아가 다시금 고개를 들어 올리는 회복을 체험한다. 앞서 살핀 것처럼 「절정을 지나서」가 사라짐과 소멸 이후에도 누군가의 자양분으로 남겠다는 생의 윤리적 자세를 드러낸 것이라면, 「숨」은 그 자양분의 한 조각을 스스로의 내면에서 발견하고 그것으로 마침내 '숨 쉬는 존재'로서의 자아를 깨달아가는 작품이다. 고단함과 주눅, 외로움과 불안이 지층처럼 쌓인 일상 속에서도 여전히 시는 그를 치유하고 회복시키는 숲이 되어준다. 그러므로 이 시의 마지막 문장은 단순한 발견이 아니라 하나의 선언처럼 읽힌다. "시와 단둘이 마주 앉아 있을 때/ (……)/ 아주 편하게 숨을 쉬고 있는 것을 예전엔 미처 몰랐어." 숨 쉬는 일은 곧 살아 있다는 증표이고, 시는 시인에게 그 숨을 가능케 하는 생명의 숲이 되었던 것이다. 생명의 숲에서는 눈보라가 몰아치고 폭풍우가 닥쳐도 끝내 '마침표'를 찍을 일은 없을 테다.

얼음을 뚫고 내리는 겨울비는 마침표가 아닌
쉼표로 물꼬를 트고 있었습니다
분명, 겨울비 2월 겨울 바람결에
아련하게 묻혀 온 트인 봄 빗살이었습니다

겨울나무가 흠뻑 젖어 떨 줄 알았는데
강인하게 봄을 잉태하고 있음을 알게 되었습니다
땅속 깊이 스미는 빗물은 알고 있었을까요
그 봄 마중 깃 2월이 실려 오고 있음을…
마침표처럼 끝인 줄 알았는데 쉼표로 기운 얻어
다시 시작하는 몸짓 아, 그 기운이여
 -「2월 겨울비」전문

「2월 겨울비」는 일상과 자연의 풍경을 통해 삶의 흐름을 은유적으로 포착하면서, 무엇이 끝이고 무엇이 이어짐인지에 대한 성찰을 담는다. 이 시집에서 가장 두드러진 상징이랄 수도 있는 '마침표'와 '쉼표'는 단순한 문장부호가 아니다. 마침표는 닫힌 시간, 단절과 종결의 이미지이고, 쉼표는 멈춤 속의 여백, 다시 이어질 가능성, 생명을 이어 쓰기 위한 숨의 간격, 곧 생명의 리듬을 품은 기호다. 그런 점에서 '2월의 겨울비'는 여전히 차고 습하지만, 그것은 '마침표'가 아니라 다음 계절을 예비하는 '쉼표'다. 얼어붙은 계절을 관통해 내리는 빗줄기는 죽음처럼 보이던 고요 속에 감춰진 생명의 기척을 슬며시 깨운다. 겨울비는 정지된 계절을 다시 흐르게 하는 숨결이고, 겨울이라는 긴 침묵 속에 감추어진 봄의 예감이다. 그 예감으로 하여 "분명, 겨울비 2월 겨울 바람결에/ 아련하게 묻혀 온 트인 봄 빗살"에서 시인은 그 희박한 변화의 기미를 민감하게 포착할 수 있게 되는 것이다.

생명은 눈에 보이지 않는 깊은 층위에서, 눈에 띄지 않는 인내의 축적 속에서 다가오고 있다. 그 존재의 은밀한 맥박에 귀 기울이는 사람이 시인이다. 계절은 순환하고, 빗물은 스며들며, 나무는 움튼다. 그 어떤 외침 없이도, 생명은 스스로 자기의 시간을 알고 있다. 마찬가지로 인간 존재 역시 침묵 속에서도 내면의 봄을 기다리며, 삶의 재시작을 준비할 수 있다. "마침표처럼 끝인 줄 알았는데 쉼표로 기운 언어/ 다시 시작하는 몸짓"으로 자신의 삶을 재구성할 수 있다. 그리하여 쉼표는 잠시 멈춤의 리듬이자, 다시 말문을 트기 위한 숨 고르기다. 그것은 절망의 문장 끝에서 다시 삶을 이어 쓰는 용기이며, 내면의 숨이 외부 세계의 기운과 맥을 맞추는 관계의 시작이다. 쉼표가 앞뒤의 문장을 이어주듯이 인간살이의 쉼표 역시 관계를 재개할 수 있도록 잠시 멈춰 서는 호흡이다.

> 이제는 너를 위한 마음 문을 닫고 싶지만
> 한 날 괴로움은 그날에 족하다 했으니
> 넘어진 김에 쉬어 가면 되는 거지
> 다시 마음을 원위치에 놓아보자

몇 날 며칠 소홀히 한 늙은 아비의 틀니처럼
헤픈 마음은 이미 뒤틀려 맞지를 않네
눈물범벅으로 서 있는 마지노선에서
세월의 무게만큼이나 위선의 목발을 짚는다

내가 찍은 마침표가
임계의 정점에서 마침내 흐려진 마침표일까
얼룩진 마침표일까
아니면 당당하고 확실한 마침표일까

그것이 아니라면 지나온 아픈 시간들에
잠시 쉬었다 가는 쉼표를 붙이고 숨을 돌리자

삶이 무너지는 벼랑 끝에 서 있을지라도
인생의 마침표를 스스로 찍을 수는 없는 게지
스펙트럼처럼 지나온 세월에 꽉 찬 빛깔의
낱장을 뜯어내 쉼표를 붙인다
 -「마침표 대신 쉼표」 부분

 이 시집의 표제 작품이기도 한「마침표 대신 쉼표」에서 시인
은 관계의 파열과 정서의 균열, 스스로에 대한 회의와 외부의

배신 사이에서 무너지고 있다. "어느 만큼이 호의이고 어느 만큼이 배신일까"라는 자문으로 시작되는 이 시는 인간 존재가 관계 속에서 겪는 신뢰의 무너짐과 감정의 뒤틀림을 암시한다. 시인은 단호하게 '끊어야 한다'고 다짐하면서도, 끝끝내 "옛정이 생각나 함부로 점을 찍지 못하"는 인간적인 망설임과 흔들림 앞에 선다. 그 흔들림 앞에서 시인은 삶의 '틈'을 발견한다. "넘어진 김에 쉬어 가면 되는 거지"라는 문장은 단념이 아니라, 되찾고자 하는 호흡, 곧 쉼표로서의 틈을 의미한다. "마침표가/ 임계의 정점에서 마침내 흐려진 마침표일까"라는 자문은, 단절이 아닌 관계의 연속성을 어떻게든 이어가려는 내적 저항이라 할 수 있다. "늙은 아비의 틀니처럼" 헐거워진 감정이 더는 제자리에 들어맞지 않지만, 시인은 그 뒤틀린 시간 속에서도 관계를 지탱해 온 옛정과 기도, 그리고 애틋한 기억의 무게를 끝내 저버리지 않는다.

시의 뒷부분에서 시인은 "너와 나의 마음이 가만히/ 오후의 윤슬로 빛나는 강물처럼/ 영혼의 고요와 잔잔한 평화가/ 온정으로 흐르기를 기도하자"고 제안한다. 상처 입은 관계 너머에도 여전히 "널 위해 기도하고 있"는 누군가의 마음 씀이 있다는 것을 기억하자는 것이다. 삶이란, 그 기도를 기억하는 것만으로도 다시 걸을 수 있는 힘을 얻을 수 있는 것이 아닐까. 그래서 이 시는 단절의 마침표가 아니라, '쉼표를 붙이는' 선택을 통해

고통스러운 시간을 잠시 접어두고 다시 숨을 고르는 생의 태도를 보여준다. 상처 입은 마음을 모질게 정리하는 대신, 조용히 쉼표 하나를 '붙이는' 일. 그것은 아직 완성되지 않은 문장의 여백처럼, 아픔 속에서도 관계 복원의 가능성을 열어두는 용기이자, 다시 재생과 치유로 나아가는 마음의 숨결이다.

3. 느림의 숲 산책하기

숲을 느리게 산책한다는 것은 세상의 속도에서 잠시 비켜나 자신만의 호흡을 되찾는 일이다. 서두르지 않는 발걸음, 잎사귀 사이로 떨어지는 햇살, 멀리 보이는 풍경 하나에도 우리의 내면은 잔잔하게 떨릴 때가 있다. 이런 장면 속에서 우리는 삶의 한가운데에 놓인 고요함을 마주하게 된다. 그것은 단지 외적인 평온이 아니라, 내면 깊숙한 곳에서 길어 올린 자각이며, 시와 풍경이 한 몸이라는 사실을 실감하게 되는 순간이기도 하다.

> 5월을 흠뻑 적신 봄비는 산마루 짙푸르게 하고
> 하늘 덮을 듯 무성한 벚나무 이파리들이
> 모항리 가는 길가에서 여유롭게 살랑인다

비 그친 오후,

이름이 예뻐 자꾸 가고픈 어은돌 해변에

조용히 정박한 고깃배들은 사공의 눈치를 보는가

하얀 옷을 입은 등대는 수호신처럼 눈 번뜩이며

위엄스레 서해를 지키고 있다

 ―「어은돌漁隱乭 오후 풍경」부분

  봄비에 젖은 5월의 풍경, 잎사귀가 무성하게 흔들리는 벚나무의 모습, 그리고 모항리로 가는 길목에서 느껴지는 자연의 숨결은 속도의 세계에서 벗어난 자리를 시인에게 내어준다. "사공의 눈치를" 살피는 배들과 바다를 굽어보는 등대의 모습은 자연과 인간, 생명과 시간의 조화를 상징하는 풍경이다. 그것은 마치 우리 모두의 내면에도 자리한 '정박할 곳'을 말해주는 듯하다. 자연의 느린 호흡에 귀 기울이고 풍경에 마음을 내맡길 때, 삶 또한 더 이상 소란스럽게 흐르지 않는다. 그럴 때 시는 멈춤의 언어가 되고, 풍경은 그 언어가 속삭이는 자리를 마련해 준다. 이렇듯 마음의 속도를 늦추고 몸을 열어 풍경과 하나가 됨으로써 우리는 더 이상 자연의 바깥에 있지 않게 된다. 그 순간 몸은 풍경의 일부가 되고, 풍경은 몸속으로 스며든다. 풍경이 시인의 감정을 흡수하고, 시인은 그 안에 자신의 호흡을 녹인다. 풍경과 몸이 하나가 되는 그 고요한 순간, 시인은 자기 삶의 중심을 다시 찾아가며, 거기에 흔들리던 마음을 '정박'할 수 있다. 이 정박의 시간을 우리는 쉼표의 시간이라 불러도 좋으리라. 이러한 마음의 평화는 풍경 속을 느리게 산책하는 동안 계속 이어진다.

> 비 온 뒤 싱그러움을 안고
> 가야산 정상을 향하여 오른다
>
> 하늘에서 초록빛이 쏟아졌는가
> 온통 푸른빛으로 번진다
>
> 가끔씩 보여주는 숲속 하늘빛에
> 흰 구름 노니는 듯 흘러갈 때
> 아뿔싸, 푸른 나무에 걸린 저 구름
>
> 산소 같은 숲속의 계단을
> 하나씩 딛고 오를 때마다
> 마음속까지 짙푸른 호흡으로 적신다
> 우울의 그림자를 모두 쏟아내며
> ―「여름 향기 가야산」 부분

이 시에서도 자연과 인간이 서로를 비추는 거울처럼 작동하는 순간을 포착한다. 그것은 외부의 자연이 내면의 감정과 맞닿는 지점, 곧 풍경이 감정의 형식으로 전환되는 경험에 대한 포착이다. 초록의 기운은 눈앞의 시각적 풍경으로 겉돌지 않고, 시인 내면의 감정과 호흡을 맞춘다. "산소 같은 숲속의 계단"을 딛고 오를 때마다 시인은 "우울의 그림자를 모두 쏟아내"고, 짙푸른 숨으로 자기 자신을 환기하게 되는데, 이 순간 자연은 단순한 풍경이 아닌, 몸속으로 들어오는 치유의 공간으로 바뀌며, "마음속까지 짙푸른 호흡으로 적"시는 생명의 흐름을 만들어낸다.

"비 온 뒤 싱그러움을 안고" 오르는 길은 곧 삶의 상흔을 털어내고 새로움을 받아들이는 내면의 과정이다. 그런 점에서 "가야산 정상을 향하여 오"르는 길은 단순한 등산이 아니라 '내면의 숲'을 향하여 걷는 정화의 여정이다. 나아가 이 여정은 감각과 감정이 함께 움직이며 생명력을 회복해 나가는 길이기도 하다. 결국, 시인에게 자연을 걷는 일은 곧 자기 자신을 통과하는 일과 같다. 산을 오르는 행위가 단지 물리적 오름이 아닌, 정서의 고도를 높여가는 여정이자 삶의 밀도를 복원하는 경험이 되는 것이다. 숲속의 시인은 풍경을 느리게 산책하며 자기 내면의 온도와 색깔을 다시 조율하며 자연과 한결같이 깊은 호흡을 나누는 데서 자신의 위치를 재조정하게 된다. 「아라메길과 황금산」 「천수만 랩소디」 「도비산島飛山의 매력」 「명자꽃」 등의 작품 역시 산책의 시간 속에서 얻어낸 '산소 호흡'의 시편이라 할 수 있을 테다.

평설을 마무리하면서, 이번 시집 『마침표 대신 쉼표』에서 내부 섹션의 제5부를 이루는 '믿음의 숲' 시편들에 대해서도 한 마디 거들지 않을 수 없다. 시인에게 목회자로서의 신앙적 소명은 그의 삶의 등뼈와 같은 것이겠지만 종교적 확신과 신앙 고백을 중심으로 구성된 5부의 작품들에서 나는 얼마간의 아쉬움을 품게 된다. 신앙적 언어의 외화, 확신의 반복과 평면적 진술은 서정시가 지닌 다층적인 의미망을 단순화하고 시적 여운을 거둬들인다. 목회자로서 진실하고 절절한 신앙 고백과 신앙 전파에 대한 열정을 수긍한다고 해도 그것이 시의 옷을 입고 나타날 때는 미학적 완성도나 보편적 공감력에 대한 독자의 기대를 저버려서는 안 된다고 생각한다. 그러지 않고서는 메시지의 강도와 시적 밀도를 맞바꾸는 결과를 가져오게 될 것이 분명하다. 그런 점에서 서정시가 품어야 할 여백과 사유의 가능성, 감각의 생생함과 내면의 리듬이 어떻게 결합되어야 하는지를 좀 더 고민하면 좋겠다는 고언을 드린다. 「파스텔색 정원에 스미다」 「물들여라 열방까지」 「연리지 카페에서」 「시선

視線」「울라스에 거룩한 빛이」 같은 작품들에서 그 가능성을 충분히 보여주고 있기에 드리는 말씀이다.

그러나 나는 『마침표 대신 쉼표』를 읽으면서 '숲'의 시학, '쉼표'의 미학을 발견하게 된 것을 기쁨으로 여긴다. 이 시집에서 '숲'은 끊임없이 생장하고 호흡하는 조현곤 시의 생태원이다. 여기에다 시인은 언어의 씨를 뿌린다. 가끔 새로운 낱말로, 잊혀가는 오랜 어휘로, 낯설지만 입에 감기는 단어로 자신의 생태원에 말의 씨를 퍼트린다. 이로써 싹이 군락을 이루고 영토를 넓혀 마침내 그만의 숲을 이루게 될 것이라 믿는다. '쉼표'는 그 숲을 천천히 걷는 발걸음이다. 시인에게 '쉼표'는 종결의 마침표가 아니라, 잠시 숨을 고르고 다음 사유로 건너가기 위한 리듬이다. 쉼표는 닫히지 않기에 더 넓은 세계를 품을 수 있다. 시인이 굳이 '마침표 대신 쉼표'를 우리 손에 쥐여준 것은 그의 시가 아직 종착이 아니라는 것을 말해주는 듯하다. 시인은 우리에게 숲으로 들어가는 문 하나를 열어준다.